POËTES LATINS

DU MOYEN AGE.

IXe SIÈCLE.

PARIS. — IMPRIMERIE DE POMMERET ET MOREAU,
17, quai des Augustins.

HUCBALDI

ELNONENSIS MONACHI

DE LAUDE CALVORUM

CARMEN MIRABILE.

PARISIIS.

CURA ET SUMPTIBUS STEPHANI FRANCISCI CORPET.

1853.

Il paraît que, sous l'empereur Charles le Chauve, un poëte chevelu prit la liberté de publier contre les chauves une violente satire. L'empereur lui fit crever les yeux. C'était le supplice à la mode en ce temps-là. Mais crever les yeux à un chansonnier : à quoi bon? ce n'était pas le moyen de l'empêcher de chanter. Un moine mieux avisé comprit qu'il fallait lui fermer la bouche, et il entreprit de le réfuter.

Ce moine, chauve lui-même ou rasé[1], s'appelait Hucbald, c'est-à-dire Hug le Chauve[2]. A ce double titre, il était naturellement intéressé à répondre : il avait à venger à la fois l'honneur outragé de sa tête et de son nom. Jeune, instruit, disciple de deux versificateurs distingués, Heiric d'Auxerre et Milon d'Elnone, il trouvait dans son esprit la force, et dans ses études

[1] Adhémar de Chabanais, qui écrivait un siècle environ après lui, dit expressément qu'il était chauve : *Heiricus Remigium et Ucbaldum calvum monachos hæredes philosophiæ reliquit.* (Cf. PHIL. LABBE, *Nova Biblioth. manuscr.*, t. II, p. 159.)

[2] De *bolen*, « tanner, dépouiller, » et non de *bold*, « hardi, » comme on l'a cru. Les Anglais ont conservé *bald*, « chauve. » J'emprunte cette note de linguistique savante à M. Philarète Chasles (*Revue des deux Mondes*, 15 août 1845, p. 727). Les auteurs écrivent indifféremment *Hucbaldus* et *Hucboldus*

maître, par un tour de force jusqu'alors sans exemple, et qui restât longtemps sans imitateurs [1].

Ce chef-d'œuvre fut naturellement dédié à Charles le Chauve. Les anciennes éditions portent en effet à la suite du titre ces mots, *ad Carolum Calvum imperatorem* [2]. Dans un manuscrit de Bohême communi-

Atque *bu* glandiferæ recubant sub tegmine *bulci*.
Nunc *pas* lanigeras ducunt ad pascua *torcs*,
Et *fæ* consumunt .raudantes munera *turæ*.
*Pro*que tibi ut nostro veniat ex carmine *fectus*,
Instar Lucilii cogor disrumpere versus *.

A l'époque de Charles le Chauve, toutes les libertés de l'archaïsme, et même (quoi qu'en dise M. J. Quicherat, ***Biblioth. de l'École des Chartes***, t. I, p. 61, 1re série) la suppression de l' *s* à la fin des mots qu'on retrouve çà et là dans les poésies de Jean Scot (Cf. Maï, ***Classic. Auct.***, t. V, p. 434 et 436), étaient d'usage, et recherchées souvent comme de rares beautés. Ce vieux clinquant, si précieusement conservé par les grammairiens, donnait au style un bel éclat d'érudition. C'étaient les perles d'Ennius des malheureux Virgiles de ce dixième siècle.

[1] Étienne Tabourot, que je citais tout à l'heure, après avoir parlé de plusieurs poëmes en vers lettrisés, ajoute à propos de ces vers : « Il s'en pourroit ainsi faire sur chaque lettre; mais auant que l'on en ait fait six de suitte, il est permis de boire vn coup. »

Il existe, sur différents sujets, un certain nombre de tautogrammes en vers et en prose composés par les modernes. Je n'ai point à m'occuper ici de ces imitations plus ou moins heureuses du travail de Hucbald. Je me contenterai de signaler, comme nous touchant de plus près, un petit ***Encomium calvitii*** en seize vers élégiaques dont tous les mots commencent aussi par un *c*, et qui se trouve parmi les poésies latines de Scrivérius, philologue hollandais du dix-septième siècle. (Cf. Petri Scriverii ***opera anecdota***, etc., p. 460. ***Traj. ad Rhen.***, 1737, in-4°.)

[2] Les auteurs de l'***Histoire littéraire de la France*** (t. VI, p. 215), prenant ces mots à la lettre, datent le poëme de 876. Il faut remarquer cependant que, dans le titre du ch. XI de l'***Egloga***, Charles le Chauve est désigné comme roi et non comme empereur.

* *D. Eugenii Toletani opusc.*, n° XXIII. J'ai rectifié à l'aide du MS. 2832 de la Bibliothèque royale ce texte qui n'est correct ni dans l'édition de Sirmond ni dans celle de Fr. de Lorenzana, *SS. Patrum Toletanorum opera;* t. I, p. 30. *Madrid.* 1782, in-f°.

qué à G. Barth, ce poëme était accompagné des quinze vers suivants, en guise d'*envoi* à l'empereur[1].

Carmine, clara, cave calvos calvare, camœna;
Crispa cadat contra caudata[2] calumnia cirro.
Calvorum charites cantatæ carmine claro
Conticeant, cum clangenti concita canore
Conciderint cœli cum Christi culmina cultu.
Cæsareæ capides[3], cauti cata cista Catonis
Concludant cleri captantia carmina culpas.
Carmina, calvorum comtrix, conclude, camœna.
Carole, cum calvis, Cæsar clarissime, canta
Crucifero Christo clari conamina cleri.
Clausa camœna capit cum Cæsare congrua curam.

« Garde-toi, noble muse, de priver les chauves de tes vers: que la calomnie bouclée et crépue tombe devant toi, la queue coupée. Puissent les grâces des chauves, chantées dans ce noble poëme, ne se taire qu'au jour où, ébranlées par la trompette retentissante, les hauteurs du ciel s'écrouleront avec le culte du Christ. Que les vases mystérieux des empereurs, que la corbeille aux secrets du prudent Caton retiennent enfermés les vers qui reprennent les fautes du clergé. Cesse tes chants, muse, qui sais parer les chauves. Charles, très-noble empereur, chante avec les chauves les efforts du noble clergé en l'honneur du Christ portant sa croix. La muse du reclus, d'accord avec l'empereur, partage sa sollicitude. Sois sur tes gardes, couronne, parure du moine : composés au gré de

[1] Cf. Gasp. Barthii *Adversar.* lib. XLVI, cap. xxii. J'ai peine à croire que ces vers soient de Hucbald.

[2] Il y a dans le texte de Barth *candata*, dont j'ignore le sens. J'ai écrit *caudata*, qui avait au moyen âge plusieurs significations (voir le *Glossaire* de Du Cange). Celle que je lui donne ici peut paraître assez naturelle si on applique à la calomnie la locution proverbiale *in cauda venenum*.

[3] Les *capides* et les *cistæ* étaient des ustensiles employés par les anciens dans les mystères et les sacrifices. Ils forment ici une singulière métaphore.

Comta corona[1], cave ; cum Cæsare condita calvo
Caroleos comunt celebrantia carmina calvos.
Christe, caput calvum cum comto contueare.
Crux cujus cunctis condonat crimina calvis.

l'empereur chauve, les vers qui les célèbrent sont la parure des chauves Carolingiens. Que ton œil veille sur la tête chauve et sur la tête parée de la couronne, ô Christ, toi dont la croix rachète les péchés de tous les chauves. »

Dans la suite, Hucbald envoya son poëme à l'archevêque de Mayence Hatton. Sorti on ne sait d'où, cet habile homme était parvenu au faîte de la puissance, et il avait pris un tel empire sur l'esprit de son souverain, le roi de Germanie Arnoul, qu'on l'appelait « le cœur du roi, » *cor regis*. D'abord moine à Fulde, il devint abbé d'Augia ou Reichenau en 888, puis archevêque de Mayence en 891. Il mourut en 912 ou 913 de la fièvre italique[2]. Ce personnage est noté

[1] Je crois que, par les mots *comta corona*, il entend le cercle de cheveux taillés avec art autour de la tête des ecclésiastiques, et qu'on nommait la couronne cléricale. Au vers 14, *comtum caput* est le front orné de cette couronne.

[2] Un médecin fort instruit, le docteur Charpentier, mon ami, m'apprend que la *febris italica*, signalée plusieurs fois par les chroniqueurs aux neuvième et dixième siècles, était une épidémie catarrhale semblable à la *grippe*, et qu'on croyait apportée d'Italie par les armées. (Cf. Hæser, *Recherches histor. et pathol. sur les épidémies*, t. I, p. 107. *Leipzig*, 1839.)

Du reste on ne s'accorde pas sur le genre et la date de la mort de Hatton. D'un côté, on le fait périr en 916 dans un combat ; d'un autre, il meurt consumé du dépit de n'avoir pu étrangler Henri l'Oiseleur avec un collier d'or qu'il lui avait fait remettre en forme de cadeau. Ailleurs, il tombe frappé de la foudre, ou précipité vivant dans un puits de feu au sein de l'Etna, pendant qu'une voix dans les airs prononçait cette sentence :

Sic peccata lues, sicque ruendo rues.

Enfin on prétend qu'il ne mourut qu'en 925 et qu'il fut mangé par les rats. Cf. Luitprand, *De rebus imper. et reg.*, lib. II, cap. III :

dans l'histoire par des actes de fourberie, de cruauté, de rapine. Hucbald connaissait l'homme et ses turpitudes; mais l'humble et pauvre moine avait besoin du riche et puissant évêque : avec son poëme, il lui adressa l'épître dédicatoire qu'on va lire[1]; il y flatte l'orgueil du maître, il fait un appel à son opulence pour obtenir une aumône, mais il se tait bravement sur ses vertus, et ce n'est pas sans malice peut-être que le rusé bonhomme promet au damné prélat ses prières et lui souhaite à la fin des siècles une place en paradis.

INVOCATIO POETÆ.

Musa, decus vatum, moderato, Polymnia, gressum.
Accelerans lætum Hattonis cernere vultum
Præsulis : officio comple quod nomine signas[2].
Pangito priscorum memorans monumenta virorum,
Queis constat vatum non displicuisse camœnas,

« Gloire des poëtes, ô muse Polymnie, bien que pressée de contempler le riant visage de l'évêque Hatton, ralentis un peu ta marche, et remplis le devoir que ton nom t'impose. Chante, et rappelle-nous ces exemples qui prouvent que la poésie ne déplaisait pas aux princes d'autrefois, et que les

RÉGINON, *Chronic.*, lib. II : WITIKIND, *Annal.*, lib. I; EKKÉHARD IV, *Casus S. Galli*, ann. 890 et 917; OTHON DE FREISINGEN, *Chronic.*, lib. VI, cap. XV; TRITHÈME, *Chronic. Hirsaug.*; MABILLON, *Annal. ord. S. Bened.*, t. III, passim, et *Acta Sanct. ord. Bened.*, t. VII; J.-F. CHRISTIUS, *Noctium academicarum observ. XVI;* et enfin l'*Histoire littéraire de la France*, t. VI, p. 144.)

[1] Elle a été découverte à la Bibliothèque impériale de Vienne dans un MS. sur papier du quinzième siècle, et publiée par Michel Denis dans *Codices MSS. theologici bibliothecæ Palatinæ Vindobonensis latini*, vol. II, part. I, col. 768. *Vindobonæ*, 1799, in-f°.

[2] Par sa double étymologie, le nom de Polymnie ou Polyhymnie annonce ou *beaucoup de mémoire* ou *beaucoup de chansons*. Hucbald veut que cette muse justifie son nom, et au vers suivant il exige des chants, *pangito*, et des souvenirs, *memorans*.

Sed multis cumulasse viros pro carmine donis.
Minciadæ quid contulerit sua musa Maroni,
Testis adest orbis vulgans sua famina passim;
Naso quid Ovidius, quid Porphyriusve poetæ,
Exsilii pœnas quorum solvere camœnæ [1].

auteurs étaient, pour prix de leurs vers, comblés par eux de présents sans nombre. Tout le profit que Virgile, enfant du Mincius, a retiré de sa muse, est attesté de nos jours encore par l'univers entier qui propage en tous lieux ses écrits. Pour Ovide Naso, pour Porphyrius, les muses ont adouci les souffrances de l'exil. Jadis un pauvre Grec avait présenté

[1] Ovide ne pensait pas comme Hucbald. Il disait (*De Ponto*, lib. IV, epist. XIII, v. 41) :

Carmina nil prosunt : nocuerunt carmina quondam,
Primaque tam miseræ causa fuere fugæ.

Cependant il avoue ailleurs (*Trist.* lib. IV, eleg. X, v. 117) que la muse le consolait dans l'exil :

Gratia, musa, tibi; nam tu solatia præbes,
Tu curæ requies, tu medicina mali.
Tu dux, tuque comes, etc.

Publius ou Publilius Optatianus Porphyrius fut plus heureux qu'Ovide. Banni par Constantin pour divers motifs qu'il n'explique pas, il lui adressa le singulier panégyrique qui subsiste encore, et il obtint son rappel. Ce livre bizarre était en grande faveur au temps de Hucbald. Milon d'Elnone y a pris l'idée de deux pièces de vers sur la croix (*Hist. litt. de la France*, t. V, p. 415), et on sait qu'il servit de modèle à Raban Maur pour son grand ouvrage *De laudibus sanctæ crucis*. Il paraît en outre que l'imitation de cette poésie en marqueterie était alors un exercice de classe imposé aux écoliers. Hincmar reproche à son neveu Hincmar de Laon l'emploi dont il abusait dans son style d'expressions antiques et surannées, de mots grecs, etc. « Tu avais déjà, lui dit-il, cette mauvaise habitude dès ton enfance; tu fourrais dans tes vers, et surtout dans tes figures à la Porphyre, des mots étrangers, obscurs, que tu ne comprenais pas toi-même. » *Hunc morem etiam a pueritia habuisti in his quæ te dictare rogabam, maxime autem in versibus, et præcipue in figuris Porphyriacis, in quibus verba linguæ alienæ, atque obstrusa improprie, et utilitate sensus carentia, quæ nec ipse intelligebas, studiose ponebas*, etc. (*Opusc. LV capitulorum*, cap. XLIII.)

Augusto[1] metri cum xenia Græculus olim
Sæpius afferret, sed præmia nulla referret,
Non prius audaces voluit compescere musas,
Distichon eliceret tanto de principe donec,
Redderet et geminos gemino pro carmine numos:
Se memorans largum, regem sic carpsit avarum.
Multiplicemque sibi summam pro fenore sumpsit.
Addatur corvus humana voce salutans:
Cæsar, ave! spretis querulus qui vocibus infit,
Impensas operis[2] proprii periisse magistri,
Augustus pretio quem mox mercatur enormi.
Temporibus priscis summorum more potentum
Musicanis[3] hæc lex fuerat servata poetis,
Munere ne vacui[4] calamo trivisse labella
Pœniteat, neque se vano sudasse labore.

plusieurs fois à Auguste l'hommage de ses vers, sans obtenir la moindre récompense. Sa muse hardie ne se rebuta point: il finit par arracher au grand prince un distique, et lui donna deux deniers pour ces deux vers. En affectant cette libéralité, il blessa l'avarice de l'empereur, et reçut en retour une somme considérable. Autre exemple : imitant la voix de l'homme, un corbeau criait: « Vive César! » Mais, comme on méprisait son hommage, il se mit à dire d'un ton plaintif que son maître avait perdu son argent et sa peine; Auguste l'acheta aussitôt un prix énorme. Aux temps anciens, c'était un usage admis par les souverains et les puissants de la terre, c'était une loi observée en faveur des poëtes, que jamais ces chantres harmonieux ne fussent privés de récompense: jamais ils ne regrettaient d'avoir usé leurs lèvres sur le roseau; jamais leurs sueurs ou leurs travaux n'étaient stériles.

[1] Cette anecdote et la suivante (v. 18) ont été racontées par Macrobe (*Saturnal.* lib. II, cap. IV).

[2] Au lieu d'*operis*, Michel Denis propose *operæ*. Je crois qu'il faut lire *operas*.

[3] L'adjectif *musicanus* est inconnu aux lexiques.

[4] Mich. Denis corrige *vacui* en *vacuos* : c'est en effet plus régu-

Eheu ! si perit hæc forsan , studium perit omne
Discendi , dum nullus honos dependitur arti.
Heu ! cadit in quemquam scelus hoc , qui rite vocetur
Princeps atque potens ! Taceant si forte camœnæ
Doctiloquæ , calvis quisnam , rogo , carmina laudis
Componet pulchris ? Quisnam , rogo , plena cachinno
Obstruet ora canum circumlatrantia calvum ?
Candiduli calvi , concurrite , ferte juvamen !
Tuque , decus summum , calvorum gloria , calve ,
Nostra ad vota fave , perque omnia prospera salve ;
Perspice prudenti perlustrans pectore parva
Munera Musarum miris modulata melodis[1].
En tibi centenos , ter denos , bis quoque ternos[2],

Hélas ! si cette coutume vient à se perdre , avec elle se perd tout désir d'apprendre , puisque nulle distinction n'est le prix du savoir. Et c'est un crime dont le poids retombe , hélas ! sur quiconque porte le titre sacré de prince et de puissance ! Si les muses aux savants accords viennent à se taire, je le demande, qui composera des vers à la louange de la beauté des chauves ? Qui fermera, je le demande, les gueules rieuses de ces chiens qui aboient aux trousses du chauve ? Accourez, aimables chauves , prêtez-nous assistance ! A toi , glorieux prélat , chauve , l'orgueil des chauves , salut et prospérité en toutes choses ! Favorise nos projets. Examine d'un œil attentif et d'un esprit éclairé ces humbles essais des muses , ces mélodies modulées d'une manière merveilleuse. Voici cent

lier. Le dernier hémistiche de ce vers est tiré des *Bucoliques* (*Eglog.* II , v. 34). Mais Hucbald ne se contente pas d'emprunter à Virgile ; il pille effrontément Milon , son maître et son oncle. Toutes les pensées et les citations contenues dans les vingt-cinq premiers vers de cette pièce , se retrouvent , souvent exprimées de même , dans la préface adressée par Milon à Charles le Chauve en lui dédiant son poëme *De laude Parcitatis*. (Cf. MARTÈNE , *Thesaurus novus anecdot.* , t. I , col. 45.)

[1] Ces deux vers lettrisés donnent un avant-goût agréable du long tautogramme qui va suivre.

[2] Hucbald dit clairement ici que son poëme ne contenait que

Quæ centum signat, quæ calvis nomina præstat,
Quæ frontes pingit confingens cornua lunæ[1],
Quæ theatrum format, comprendit littera versus,
Non modo principia his, sed singula verba regyrans.
En corvus crocitans te, princeps magne[2], salutat,
Nec tamen effundit querulas pro munere voces,
Impensas neque caussatur periisse laboris.
Nec volo me, carmen studui qui cudere laudes[3]
Calvorum, quisquam privatum munere dicat,
Censeat, aut credat. Sunt nam mihi præmia quæstus

vers, puis trente, puis six encore, assemblés pour toi par une seule lettre, la lettre qui désigne cent, qui donne leur nom aux chauves, qui dessine sur nos fronts l'image du croissant de la lune et prête sa forme à l'amphithéâtre : et non-seulement cette lettre commence tous ces vers, mais sa courbe revient à chacun des mots qui les composent. Voici un corbeau croassant qui te salue, grand prince; mais il ne vient pas d'une voix plaintive implorer un présent; il ne prétend pas avoir perdu son travail et sa peine. Si j'ai pris plaisir à forger des vers à la louange des chauves, je ne veux pas qu'on dise, qu'on suppose ou qu'on croie que j'ai été privé de récompense. J'ai reçu au contraire une faveur d'un

cent trente-six vers. Ainsi, tout ce qui excède ce nombre, suivant la remarque très-juste de Denis, doit être considéré comme une interpolation. *Voir* plus loin, p. 20 et 21.

[1] Chaque sourcil dessine sur le front la forme d'un croissant ou C renversé.

[2] Il n'est pas étonnant, suivant Denis, qu'il qualifie ici de *princeps magne* l'archevêque Hatton, lequel, on l'a vu plus haut, était *le cœur du roi*. Le *Glossaire* de Du Cange fournit d'ailleurs (au mot *Princeps*) plusieurs exemples de cette dénomination appliquée aux évêques et même aux abbés. Hildegaire, contemporain de Hucbald, rapportant une antique chanson qui célébrait la victoire de Clotaire II sur les Saxons (Édel. Du Méril, *Poésies popul. lat. antér. au XIIe siècle*, p. 239), dit de Faron, évêque de Meaux : *Faro ubi erat princeps*.

[3] Denis propose *laudis*, au lieu de *laudes*, c'est-à-dire *carmen laudis*, comme plus haut (v. 30) *carmina laudis*.

Maxima, nosse virum cunctis per cuncta verendum,
Et quia me tantus dignatur noscere præsul,
Quem, peto, rex regum, cum sederit arbiter orbis,
Inter pontifices faciat residere beatos
Ætherei tribuens illi consortia regni.
Sic sit! Amen! Chorus hoc calvorum postulat[1] omnis.

prix immense, puisque j'ai le don de connaître l'homme à qui tous doivent le respect en toutes choses, puisque de son côté ce prélat éminent m'a trouvé digne d'être connu de lui. Aussi je supplie le roi des rois, quand il siégera sur son trône pour juger le monde, de lui faire une place parmi les saints pontifes, et de lui accorder sa part du royaume des cieux. Ainsi soit-il! Amen! C'est le vœu que d'une voix unanime répète le chœur des chauves. »

Hucbald était moine de l'abbaye d'Elnone ou Saint-Amand, au diocèse de Tournai. Né vers 840, il mourut âgé de près de 90 ans en 930. Les auteurs de l'*Histoire littéraire* ont raconté sa vie et donné la liste de ses ouvrages (t. VI, p. 210 et suiv.). Ces ouvrages, en vers ou en prose, sont pour la plupart des compositions religieuses. Depuis, on a découvert et publié divers traités de musique qui portent son nom[2]. Ils ont été analysés et commentés par M. E. de Coussemaker dans un livre intitulé : *Mémoire sur Hucbald et sur ses traités de musique*, etc. Paris, 1841, in-4°. Enfin on lui attribue encore deux petits poëmes : l'un, en langue romane, est un cantique en l'honneur de sainte Eulalie de Mérida, morte en 304 ; l'autre est un

[1] Au lieu de *postulat*, rétabli par Denis, le manuscrit de Vienne a *præstat*. Hucbald, par amour pour l'archaïsme, avait écrit peut-être *præstolat*.

[2] Cf. *Scriptores ecclesiastici de musica sacra*, etc., *publica luce donati a Martino Gerberto*, t. I, p. 103 à 229. Typis San-Blasianis, 1784, in-4°.

éloge en langue tudesque de la victoire remportée en 881 contre les Normands par Louis III, fils de Louis le Bègue[1].

Aucun des écrits de Hucbald ne compte autant d'éditions que son panégyrique des chauves. Il serait difficile de les connaître et de les désigner toutes[2]. Imprimé d'abord séparément, ce poëme est entré ensuite dans plusieurs collections plus ou moins volumineuses. Il est peu de recueils d'acrostiches, de jeux d'esprit et de balivernes littéraires où il n'ait trouvé sa place. Mais, à l'exception de G. Barth qui a essayé quelques corrections sans importance, aucun éditeur n'a cru de sa dignité d'employer ses heures perdues à le commenter et à l'éclaircir. Loin de là : altéré partout par des omissions de mots ou de vers entiers, par de mauvaises variantes, par une ponctuation nulle ou fautive, ce texte, assez obscur déjà de sa nature, est devenu à peu près inintelligible. Pour cette réimpression, j'ai eu recours, à défaut d'exemplaires manuscrits, aux premières et aux plus sérieuses éditions[3]; j'ai fait un choix des leçons qui

[1] Cf. *Elnonensia*, p. 21 et suiv. de la deuxième édition. *Gand.* 1845, in-8°

[2] Cf. F.-G. Freytag, *Adparatus litterarius*, t. II, p. 933. Brunet, *Manuel du libraire*, t. II, p. 656.

[3] En voici l'indication : 1° Une édition en caractères gothiques, in-4°, *sine loco et anno*, qu'on regarde comme l'edition *princeps*, et qu'on suppose imprimée à Mayence au quinzième siècle.

2° Une édition en lettres rondes romaines, également *sine loco et anno*, qui appartient à la Bibliothèque royale où elle est cotée Y 2512 A. in-4°.

3° La réimpression faite par Barth (*Adversar.* lib. XLVI, cap. XXII) d'après un ancien exemplaire qui datait, comme les précédents, du quinzième siècle.

4° L'édition donnée par Gasp. Dornau, p. 290, t. I de son *Amphitheatrum sapientiæ Socraticæ*, etc. *Hanoviæ*, 1619, in-f°.

Enfin j'ai profité des variantes du MS. de la Bibliothèque imm'ont paru les meilleures; enfin, j'ai tâché, par quelques notes explicatives, de *débrouiller l'art confus* de cette métrique embarrassée : heureux si désormais les chauves, les *jolis chauves*, comme dit l'auteur, comprennent sans efforts cette généreuse apologie de leur infirmité!

E.-F. C.

périale de Vienne, collationné sur le texte de Barth par Mich. Denis.

Il est à regretter que M. A. Maï n'ait pas connu l'auteur de l'*Egloga*, et qu'il ait pris, comme tant de savants d'autrefois et d'aujourd'hui, ce petit poëme pour un éloge banal, un compliment indirect à l'adresse de Charles-le-Chauve. Trompé par cette idée, il n'a pas jugé convenable d'imprimer en son entier, bien qu'il la supposât inédite, cette œuvre du neuvième siècle dont il a rencontré plusieurs anciennes copies dans les MSS. du Vatican (*Classic. Auct.*, t. V, p 460). Il s'est contenté de quelques citations qui m'ont été à peu près inutiles. — On n'est trahi que par les siens. Il y a 900 ans et plus, un moine se met l'esprit à la torture pour écrire un incomparable panégyrique des prêtres et du clergé, et voilà que de nos jours un prêtre, un abbé (depuis cardinal) lui refuse assistance, et lui préfère je ne sais quelles saloperies païennes de Vital de Blois sur Amphitryon et Alcmène (*Classic. Auct.*, t. V, p. 463). O pieux Hucbald! qu'eût pensé votre grande âme?.....

INCIPIT

EGLOGA DOMNI HUCBALDI

MONACHI ELNONENSIS ORDINIS SANCTI BENEDICTI

AD CAROLUM CALVUM IMPERATOREM.

Carmina, conviciis[1] cerritus[2] carpere calvos
Conatus, cecinit; celebrentur carmine calvi
Conspicuo clari : carmen cognoscite, cuncti.

PROOEMIUM

QUO CAMŒNÆ INVITANTUR AD LAUDEM CALVORUM.

Carmina, clarisonæ, calvis cantate, camœnæ.
Comere condigno conabor carmine calvos;
Contra, cirrosi crines confundere colli.
Cantica concelebrent callentes clara camœnæ;
Collaudent calvos, collatrent carmine clubas[3].
Carpere conantes calvos crispante cachinno;
Conscendat cœli calvorum causa cacumen.
Conticeant cuncti concreto crine comati,
Cerrito calvos calventes[4] carmine cunctos.
Consona conjunctim cantentur carmina[5] calvis.

CAPITULUM I.

QUOD CALVITIES IN QUODAM PRÆSAGIO FUTURORUM QUIBUSQUE PROVENIRE VIDEATUR.

Carmina, clarisonæ, calvis cantate, camœnæ.
Cum crescit calvi [6] capitis cervice corona,
Consortem cleri consignat confore calvum,
Capturum claram, Christo cedente, coronam.
Ceu crines capitis, convellens crimina cordis,
Corde creatorem conspectat, corpore cœlum [7].
Cœlicolas cives cupiens contingere cultu,
Crimina [8] cum curis condemnat cuncta caducis;
Cœli conscensum, concentum cœlicolarum
Concupiens [9] cupide, collaudat cuncta creantem.

CAP. II.

CALVOS CANTORES, ABBATES ETIAM, DOCTORES ET EPISCOPOS ESSE AC SACERDOTES.

Carmina, clarisonæ, calvis cantate, camœnæ.
Conjubilant calvi celso [10] clamore canori,
Continuantque choro [11] castas cantare choreas.
Conformes capiti, concordes [12] corpore cuncti,
Complacitas [13] cleri contendunt condere caulas,
Correpto cornu cœlestia classica clangunt [14],
Conficiunt carum [15] Christi cognomine chrisma,
Consociant cuneo conspersos chrismate cœtus.
Concordes caute [16] celebrant convivia cœnæ;
Consaturant Christi convivas carne, cruore.

Ici Dornau et les MSS. de Vienne et du Vatican intercalent un chapitre qui n'est pas dans les premières éditions, et qui augmente de dix vers cet opuscule, qui en compterait alors 146. Or, dans la dédicace qu'il adresse à Hatton, Hucbald déclare lui-même que son poëme ne se compose que de 136 vers. Devant ce témoignage, il est difficile de lui attribuer ce nouveau dizain, et de ne pas le regarder, avec Denis, comme une addition faite après coup. Quoi qu'il en soit, voici ce chapitre, d'après le MS. de Vienne, plus correct que l'édition de Dornau. On y retrouve plusieurs idées exprimées déjà plus haut.

CALVOS CŒNOBITAS, PSALMISTAS, GRAMMATICOS ESSE ATQUE POETAS, SCRIBAS QUOQUE ET PLURIMÆ ABSTINENTIÆ.

Carmina, clarisonæ, calvis cantate, camœnæ.
Complures calvos cogunt * castissima castra.
Cœlica certatim celebrantes cantica ** Christo,
Corpore, crine carent, collustrant culmina cœli.
Cœlica concupiunt, cohibent curare caduca.
Componunt chartas, concinnant carmina clara.
Catholicum canonem certum conscribere curant.
Commulcant *** carnem, congestant corde **** calorem
Constantem, castum : communi currere cursu
Contendunt celeres, cœlique capessere culmen.

CAP. III.

QUOD CALVI REGES SINT ET IMPERATORES, CONSULES QUOQUE, LEGISLATORES ET JUDICES.

Carmina, clarisonæ, calvis cantate, camœnæ.
Conregnant calvi, conscendunt culmina clari [17],
Conspicui, comti chrysea cervice corona.
Clementes censu, condunt [18] consulta clientum.
Cincinnose [19], cave! Condemnant crimina calvi :
Censorem calvum censuram condere constat ;
Cordacem [20] calvum cordatum crede cavendum.
Calventem calvos [21] cæcari corpore censet.
Calvitium calvi cæcatus carpere cessa ;
Cessa calvastrum, cessa corrodere, cessa [22].

* *Cogunt*. Bonne leçon des MSS. de Vienne et du Vatican. Dornau *coquunt*.
** *Cantica*. Dornau *carmina*.
*** *Commulcant*. Dornau *conculcant*, même sens.
**** *Corde*. Dornau *carne*, qui est moins bon.

CAP. IV.

QUOD CALVI SINT DUCES EXERCITUS, IPSI ETIAM BELLATORES DOCTI ATQUE ROBUSTI.

Carmina, clarisonæ, calvis cantate, camœnæ.
Conducunt calvi cuneos certamine claros.
Compugnant calvi [23] cristati casside coni.
Contorquent, crispant celeres cum cæde catervas:
Comprendunt cirros, contundunt calce comatos,
Cuspide confodiunt; capulo conscissa corusco
Colla cadunt; celebrant calvi clamore celeusma [24].
Commotus certare, catus certamine calvus
Conculcat, cædit, crinitos cedere cogit,
Captivos captat [25], captos cervice coartat.

CAP. V.

LAUS CALVORUM EXPERIENTIA ARTIS MEDICINÆ, TAM PHARMACIÆ QUAM CHIRURGIÆ.

Carmina, clarisonæ, calvis cantate, camœnæ.
Comperies calvos columen [26] conferre cerebro:
Comperies calvos capitis curare catarrhos [27]:
Comperies calvos cæcas curare cavernas [28].
Chronica [29] cum cancro ceditque cachexia calvo.
Cardia [30] cor carpens cassatur, colica cessat.
Contrectans chalybem, conscissa carne, coercet
Corruptum [31] capitis, cocta cervice, cruorem.
Cur complura cano? Clandestina cuncta caduci [32]
Corpore confutat, collapsaque corpora curat.

CAP. VI.

INVECTIO INCREPANTIS ADVERSUS CAVILLATOREM CALVOS CONVICIANTEM.

Carmina, clarisonæ, calvis cantate, camœnæ.
Corde cavus[33], cirrose, cave certare creanti,
Conviciumque creaturæ condicere[34] cessa.
Condita cunctipotens[35] causarum cuncta creator
Constituit, curamque cavens conferre creatis,
Cætera curvavit[36], clarum consurgere calvi
Concedens culmen, cui cedere cuncta coegit.
Cerritus cur collatrat clamore canino[37]:
Condiderat calvum collapsa cucurbita cœno[38]?
Conticeat citius cœnosa calumnia cujus.

CAP. VII.

ITEM ADVERSUS EUMDEM, ET LAUS CALVORUM DE HUMILITATE, CARITATE ET CASTITATE.

Carmina, clarisonæ, calvis cantate, camœnæ.
Complex carnificum, corium convellere calvo[39]
Cur censes? Cordis convellit crimina calvus.
Cur censes capiti cineres conspergere calvo[40]?
Cognoscit calvus cineri concrescere corpus.
Cur censes calido carnes carbone cremari?
Corda cremant calvi Christi concocta calore.
Cur censes calvum castrari corpore castum?
Cordetenus cunctis castratur concito[41] culpis.
Carmine carnificans calvum, compesce cavillum.

CAP. VIII.

EXPROBRATIO CARMINIS EJUS, ET PARADIGMA DE ELISEO PROPHETA ET PUERIS ILLI INSULTANTIBUS.

Carmina, clarisonæ, calvis cantate, camœnæ.
Carminibus caveo claris conjungere cæca[42].
Calcetur cœno calcanda calumnia calce[43].
Cœnosus, cœnosa caneus, concludito cannam[44].
Censebis certe censorem[45] codice cautum
Clarividum[46] calvum, cui conscia consecutura.
Commotum catulum[47] circumlatrante cachinno
Clamantes : Conscende citus, conscendito, calve!
Condemnasse cacos[48] confestim crimine clarant[49]
Convicii, corrosa cadunt cum corpora carptim.

CAP. IX.

DE EGREGIO CALVO PAULO APOSTOLO, QUOD A CHRISTO VOCATUS CÆCATUS SIT, RAPTUSQUE IN TERTIUM CŒLUM.

Carmina, clarisonæ, calvis cantate, camœnæ.
Carmina calvorum cumulentur carmine calvi[50]
Conspicui, cujus crudelis cautio cædis[51]
Constiterat[52], Christi cultores carnificare.
Conjubilent circumfulgente charismate[53] calvo
Cæcato cuncti! Christi clamore citatus,
Corruerat cito, confossus ceu cuspide conti[54];
Confestimque capit conscensum culmine cœli,
Clarivido cernens conspectu cunctipotentem,
Confore cor cujus claret cœleste catinum[55].

CAP. X.

QUOD FACTUS SIT EX PERSECUTORE PRÆDICATOR, ET QUOD COMAM NUTRIRE ET TURPEM VETET PROFERRE SERMONEM.

Carmina, clarisonæ, calvis cantate, camœnæ;
Conglomerate choros, calvo celebrate choreas [56].
Censuram celebrem calvum compsisse [57] colendum
Comperimus: cœli consul, consulta cavendi [58]
Crimina confutat [59], cœnosi cuncta coercet
Colloquii; cunctis communia commoda censet.
Confundit [60] cirros; collegia civica condit.
Conciliando consponsorum Christicolarum
Corda ciet, capiti corpus [61] conjungere certans.
Cerritus celebres cesset contemnere calvos.

CAP. XI.

ALLOQUITUR CAMŒNAS POETA DE CAVILLATORE, INSINUANS EUM CALVI REGIS JUDICIO CÆCATUM.

Carmina, clarisonæ, calvis cantate, camœnæ.
Crudelem calvos casso conamine cunctos
Carpere conantem compescite; crimine captum
Convicii, commentantem commenta caduca [62],
Concito convictum cæcis concludite claustris.
Calvaster censor [63] cæcari crimine captum
Censet. Cæce canis, cessa contemnere calvum!
Conquinisce [64], canis, confingens crimina calvis!
Conquinisce, canis, collatrans carmine calvos [65]!
Conquinisce, canis, cessans corrodere [66] calvos!

CAP. XII.

EPITOMA LAUDIS CALVORUM A CORPORIS SITU ET PULCHRITUDINE, ET QUOD CALVUS MICROCOSMUS SIT.

Carmina, clarisonæ, calvis cantate, camœnæ.
Concilium clarum calvorum cogere cœtum[67]
Cum cernis, calvum cœli comprendito cyclum[68];
Calvitii culmen[69] cœli cognoscito centrum.
Circuitum cosmi[70] commendant cætera calvi.
Calvos consocia, candentes[71] congere calvos,
Cynthia[72] cessabit chryseos conferre colores,
Cornua contenebrans cedet concrescere calvis.
Collucent calvi, calvorum cassida candet
Conrutilans, cœli ceu copia clara coruscat.

CLAUSULA CARMINIS.

Carmina, clarisonæ, calvis cantate, camœnæ.
Conveniet claras claustris componere cannas,
Completur claris carmen cantabile calvis.

EXPLICIT CARMEN HUCBALDI MONACHI DE LAUDE CALVORUM[73].

NOTES.

[1] *Conviciis*. Excellente leçon de Dornau. Les autres éditions ont *convicii*.

[2] *Cerritus*. Un fou, un écervelé, un enragé. Mich. Denis propose à tort de lire partout dans ce poëme *cirritus* ou *cirratus*, un chevelu, un frisé, à la place de *cerritus*.

[3] *Collatrent carmine clubas*. L'éd. gothique *collaudent crimine cluras*; l'éd. de la Bibl. roy. et celle de Barth *collatrent crimine claros* (Barth lit *claro*); Dornau *concludant crimine clubas*; le MS. de Vienne *concludant carmine curas*. J'ai tenté de rétablir le texte en choisissant parmi ces variantes. *Cluba*, d'après un glossaire latin-italien MS., cité par les continuateurs de Du Cange, signifie *lo cane che abaya*. Sénèque (*De vita beata*, cap. XVII) a dit *philosophiam collatrare*, aboyer contre la philosophie. Hucbald engage les muses à aboyer en vers contre les chiens aboyeurs qui attaquent les chauves. Il aime cette expression : elle est dans sa dédicace à Hatton (v. 32), et il la répétera plus loin (v. 71, 90 et 122); c'est ce qui m'a engagé à la lui rendre ici.

[4] *Calventes*, d'après un glossaire de St-Germain et un autre du Vatican (Cf. Du Cange, et A. Maï, *Classic. Auct.* t. VII, p. 554), a le sens de *frustra calumniantes*, du vieux verbe *calvere*, tromper, abuser, qui, ainsi que tant d'autres archaïsmes, vivait encore au moyen âge.

[5] *Carmina*. Dornau *cantica*.

[6] *Calvi* manque dans l'éd. gothique. L'éd. de la Bibl. roy. et celle de Barth écrivent ainsi ce vers : *Cum crescit capitis cervici clara corona*.

[7] *Corpore cœlum*. Barth propose *cordeque cœlum*. A quoi bon?

[8] *Crimina*. Dornau *carmina*. Au lieu de *condemnat*, l'éd. de la Biblioth. royale et celle de Barth ont *contemnat* et le MS. de Vienne *contemnens*.

[9] *Concupiens*. L'éd. gothique *cupiens*. Dornau *concipiens*.

[10] *Celso*. L'éd. de Barth *claro*.

[11] *Choro*, en chœur. Bonne leçon de Dornau et du MS. de Vienne. Les autres lisent *choros*.

[12] *Concordes*. Leçon de Dornau. Partout ailleurs *concordi*.

[13] *Complacitas*. L'éd. goth. et celle de la Bibl. roy. *complacidas*

[14] *Clangunt*. L'éd. de Barth *clangent*.

[15] *Carum*. L'éd. de Barth *clarum*.

[16] *Caute*. L'éd. de Barth *cautæ*. Au lieu de *celebrant*, l'éd. goth. a *concelebrant*.

[17] *Clari*. Dornau *cœli*, à tort.

[18] *Condunt*. L'éd. de la Bibl. roy. et celle de Barth *cedunt*. Il vante dans ce vers les consuls (rois ou comtes) qui font des règlements ou rendent des arrêts en faveur de leurs clients (de leurs vassaux) et ne sont point rigoureux pour les censitaires.

[19] *Cincinnose*, chevelu, frisé, bouclé. Il s'adresse à son adversaire. Dornau *concinnosa*, qui n'a pas de sens, à moins qu'on ne l'applique pour *concinnata* au *consulta* du vers précédent.

[20] *Cordacem*. Dornau *cordatam*, qui se rapporterait à *censuram* du v. 39. En conservant *cordacem*, qui a pour lui l'autorité des anciennes éditions, il faudrait, je pense, expliquer ainsi ce vers : « Charles le Chauve a le cœur bon. sensible, *cordacem*, mais il a aussi le cœur sage et ferme, *cordatum;* crois-moi, il est à craindre. » Cf. Du Cange, au mot *Cordax*.

[21] *Calvos*. Leçon de Dornau. Ce vers indique que l'empereur avait jugé à propos de faire crever les yeux à ce calomniateur des chauves, *calventem calvos*. Les autres éd. écrivent : *Calventum cæcus cæcari corpore censet* (l'éd. de Barth *credit* au lieu de *censet*), et rendent ainsi ce vers inintelligible.

[22] *Corrodere cessa*. Barth préférerait *corrodere casse*. Je ne suis pas de son avis.

[23] *Compugnant calvi*. Ce vers s'entend très-bien : « Les chauves combattent sous le casque à la pointe ornée d'une aigrette. » Barth écrit *compugnant calvis... coni*, c'est-à-dire que les casques prennent part avec les chauves au combat par la terreur que leurs aigrettes inspirent à l'ennemi, *hostem communem terrificando*. Hucbald n'a jamais dit ni voulu dire pareille niaiserie.

[24] *Celeusma*. C'était proprement le chant des rameurs. Saint Jérôme en a fait le chant des vendangeurs ; c'est ici le chant des guerriers célébrant leur victoire. On remarquera avec quelle adresse

Hucbald, dans cette description de bataille, prend son adversaire par son faible, c'est-à-dire par les cheveux, *comprendunt cirros*, etc.

[25] *Captat*. Dornau *captans*. Ces trois derniers vers, où l'auteur emploie le singulier *calvus*, semblent s'appliquer à Charles le Chauve. Il y a même dans ces mots *commotus certare* un éloge indirect de cet empereur, qui, selon le poëte, ne faisait la guerre que contraint et forcé.

[26] *Columen*. La force, la santé, de *columna*, comme *columis* et *incolumis*. (Cf. Isidor. Hispal., *Different*. lib. I, nº III, et Placidi *Glossæ*, dans A. Maï, *Classic. Auct.*, t. III, p. 441.)

[27] *Capitis... catarrhos*. Le catarrhe nasal, le coryza ou rhume de cerveau.

[28] *Cæcas.... cavernas*. Les parties intérieures du corps humain, ou peut-être l'anus. Pline et Ausone emploient le mot *caverna* dans ce dernier sens.

[29] *Chronica*, toute maladie chronique, comme le cancer nommé dans ce vers. — *Cachexia*. On appelle encore cachexie le dépérissement causé par certaines maladies chroniques, c'est la cachexie cancéreuse que l'auteur désigne ici.

[30] *Cardia*, pour *cardiacus morbus*, toute affection de l'estomac. — *Colica* est toujours la colique.

[31] *Corruptum*, Dornau *correptum*. Au lieu de *cocta*, Barth lit *coxa*, mais il n'explique pas cette correction, inexplicable en effet. Il ne s'agit pas de la cuisse, *coxa*, mais bien de la tête et du cou brûlés par un abcès, un anthrax. « Le médecin, dit Hucbald, le fer en main, coupe la peau et exprime le sang corrompu de la tête, quand l'abcès de la nuque est mûr. »

[32] *Caduci*, sous-entendu *hominis*. Dornau *caduco*.

[33] *Corde cavus*. Leçon de Dornau et du MS. de Vienne. L'éd. goth. *corde calvus*. L'éd. de la Bibl. roy. et celle de Barth *cum calvis*. Cette variante, si on l'adopte, exige un point après *certare*

[34] *Condicere*. L'éd. goth. *conducere*.

[35] *Cunctipotens*. Dornau *cuncticreans*.

[36] *Cætera curvavit*. Excellente leçon du MS. de Vienne. L'éd. goth. *cetam curvavit*. L'éd. de Barth *cœlum curavit*. Celle de Dornau *cætera curavit*. On reconnaît dans ce vers un souvenir du passage si connu d'Ovide (*Metam*. lib. I, v. 84) :

> Pronaque quum spectent animalia cætera terram,
> Os homini sublime dedit, etc.

Toutefois Ovide applique l'*os sublime* à l'homme en général, Hucbald au chauve seulement, qui est pour lui l'homme par excellence : tout ce qui n'est pas chauve est chien. — Pour lire *cetum curvavit*, il faudrait admettre l'explication que donne du mot *cetus* un glossaire du Vatican (A. Maï, *Classic. Auct.*, t. VI, p. 515) : *Cetus, mulieris capillus ad frontem.*

[17] *Collatrat clamore canino.* Ces expressions confirment la leçon que j'ai adoptée plus haut (v. 8).

[18] *Condiderat calvum*, etc. Dans ce chapitre et le suivant, Hucbald entreprend de réfuter son adversaire ; il est amené ainsi à rappeler quelques-unes des hardiesses de cet écrivain malavisé et à donner une idée de son poëme. Ici il en cite un vers entier ; mais ce vers, ainsi détaché, n'est pas facile à entendre. Il faut remarquer d'abord que Hucbald, dans les trois vers précédents, ne relève si haut la majesté des chauves que parce que le satirique avait pris sans doute plaisir à les rabaisser. Depuis longtemps on s'était amusé à comparer tout front chauve à la citrouille ; on disait qu'il était *cucurbita glabrior*, plus ras, plus pelé qu'une citrouille (Apulei. *Metamorph.*, lib. V ; Planciad. Fulgent. *Expos. serm. ant.*, voc. *Pumilior;* Hadr. Junii *Adagior. centuria VII*, n° 98). Profitant de cette assimilation exacte, mais humiliante, le satirique, après avoir montré dès l'origine des choses la citrouille condamnée par le Créateur à ramper sur la terre, en tirait probablement cette conséquence, que Dieu, en donnant à ces deux œuvres de sa main une si parfaite ressemblance, avait voulu les placer au même rang, et que la citrouille, en tombant si bas, avait nécessairement fait tomber le chauve avec elle et le retenait comme elle dans la fange et le fumier. Un beau vers du *Moretum* de Virgile (v. 77),

Et gravis in latum demissa cucurbita ventrem,

avait pu en outre inspirer au poëte médisant cette méchante pensée. Détourné de son sens et pris en raillerie, ce vers offre en effet une image fidèle d'un gros moine assoupi dont la lourde tête retombe sur son large ventre. A Paris, dans le langage du peuple, le mot *coloquinte*, la κολοκύνθη des Grecs, la *cucurbita* des Latins, est souvent synonyme de *tête*. « Drôle de coloquinte ! Taper sur la coloquinte ! » Ces locutions, qui courent les rues, s'appliquent encore, comme autrefois l'expression latine, à des têtes chauves ou ridicules.

[19] *Corium convellere calvo.* Non content de médire des chauves, le satirique voulait qu'on leur arrachât la peau ; — Mais, répond Hucbald, les chauves n'arrachent que les crimes de l'âme : — qu'on les couvrît de cendres, en signe d'opprobre sans doute et pour les contraindre à faire pénitence ; — mais ces cendres de la pénitence les fortifient et les relèvent aux yeux de Dieu : — qu'on leur rôtît les chairs avec des charbons ardents ; — mais leurs cœurs brûlent enflammés de l'amour du Christ : — qu'on les châtrât : —

mais par le cœur, par la contrition, ils se châtrent promptement et se délivrent de toutes leurs fautes. Les réponses pleines de sens et de modération du moine contrastent habilement avec le langage brutal de son adversaire, qui parle un peu, comme dit Hucbald, en valet de bourreau, *complex carnificum*.

[40] *Calvo*. C'est la leçon de Dornau. Les autres éd. *calvos*.

[41] *Concito*, pour *cito*, promptement, aisément. L'éd. de la Bibl. roy., celles de Barth et de Dornau donnent *concio*, qui peut s'entendre de l'assemblée des moines réunis pour la prière. Barth préfère *cocio*, qu'il traduit par sorcier, diseur de bonne aventure, et qui, selon lui, désigne ici un prophète. Or *cocio*, aux premiers comme aux derniers siècles de la latinité, n'a jamais signifié qu'un regrattier, un revendeur, un courtier, ou, comme on disait au moyen âge et comme on dit encore quelquefois au nôtre, un coquin. (Cf. Festus, aux mots *Arillator* et *Cociones*, les glossaires d'Isidore de Séville, de Labbé, de Du Cange, etc.)

[42] *Carminibus caveo*, etc. Les citations cessent. Hucbald refuse de mêler plus longtemps à ses vers tout spirituels les vers matériels du satirique.

[43] *Calcetur*, etc. Leçon de Dornau et du MS. de Vienne. L'éd. goth. *calcentur c. c. culmina*. L'éd. de la Bibl. roy. et celle de Barth *calcentur c. calcando culmina*.

[44] *Concludito cannam*. Serre ton roseau, ta plume.

[45] *Censebis... censorem*. Dornau seul écrit ainsi. Les autres éd. ont *censetur... censorum*. « Certes, dit l'auteur à son adversaire, tu dois voir un censeur qui te condamne et un censeur cautionné par la Bible, *codice cautum*, dans Élisée, ce chauve clairvoyant, etc. »

[46] *Clarividum*. L'éd. de Barth *clarisonum*, mauvaise variante. — *Cui conscia consecutura*, « à qui l'avenir est connu. » La prosodie souffre un peu de la quantité donnée à *consecutura;* mais ces licences étaient chose commune au dixième siècle. Pourtant Dornau écrit *cui conscia cœlica cuncta*.

[47] *Catulum*, pour *catulorum*. L'éd. de Dornau *calvum*, à tort. L'auteur appelle petits chiens les enfants, *pueri parvi*, qui insultaient Élisée (*Reg.* lib. IV, cap. II, ℣ 23).

[48] *Cacos*. C'est l'accusatif grec κάκους. Mêler au latin des mots grecs latinisés était une fantaisie savante des versificateurs de cette époque. Plus haut (v. 38), en parlant de la couronne d'or des rois, Hucbald disait *chrysea corona*.

[49] *Crimine clarant*. L'éd. goth. *crimina clarent;* l'éd. de la Bibl. roy. et celle de Barth *crimine clarent;* celle de Dornau *cri-*

mina clarant. La construction grammaticale des quatre derniers vers de ce dizain est très-embrouillée; je la rétablis ainsi : *Corpora, cum cadunt carptim corrosa, clarant* (demonstrant) *commotum* (Eliseum) *cachinno circumlatrante catulorum, condemnasse confestim crimine convicii cacos clamantes : Conscende*, etc.; c'est-à-dire : « Les corps (des enfants) qui tombent déchirés par les ours démontrent que le prophète, irrité des éclats de rire de ces petits chiens qui aboyaient après lui, condamna aussitôt pour leurs criminelles invectives ces méchants qui criaient : Monte, chauve, etc. »

50 *Carmine calvi*. L'éd. de la Bibl. roy. et celle de Barth *carmina calvi.*

51 *Conspicui... cædis*. Dornau *conspicuo... cæde.*

52 *Constiterat*. Dornau *constituit*. Ces trois vers sont un peu obscurs. « Il faut, dit Hucbald, mettre le comble à l'éloge des chauves par l'éloge d'un chauve illustre (de S. Paul), qui avait promis, garanti (à Caïphe) un cruel massacre, laquelle promesse consistait à exterminer les chrétiens. » *Cautio* peut s'entendre aussi de l'autorisation écrite donnée par Caïphe à S. Paul : *Accessit ad principem sacerdotum et petiit ab eo epistolas*, etc. (*Act. Apostol.*, cap. IX, ℣ 1 et 2). — Quant à la calvitie de S. Paul, elle est constatée par un écrivain grec très-suspect d'ironie, par l'auteur du *Philopatris*, opuscule attribué à Lucien. Un des interlocuteurs de ce dialogue, Triéphon dit (nº 12) : Ἡνίκα δέ μοι Γαλιλαῖος ἐνέτυχεν, ἀναφαλαντίας, ἐπίρρινος. « Quand je connus le Galiléen, chauve, au grand nez, etc. » Mais Huchald, et la tradition qu'il a suivie, et l'auteur du *Philopatris*, semblent démentis par le texte des *Actes des Apôtres* (cap. XVIII, ℣ 18) où il est dit que S. Paul étant à Cenchrée se fit couper les cheveux, *qui sibi totonderat in Cenchris caput*. Il est vrai que les écrivains ecclésiastiques ne sont pas d'accord sur le sens de ce verset. (Cf. TILLEMONT, *Mémoires pour servir à l'histoire ecclés.*, t. I, p. 558.)

53 *Circumfulgente charismate*. L'éd. de la Bibl. roy. et celle de Barth *circ. carismata*. Dornau *circumfulgenti chrismate*. J'ai préféré *charismate*, qui est la leçon de l'éd. goth. et du MS. de Vienne : c'est le don de la grâce du Seigneur qui brille aux yeux éblouis de S. Paul : *circumfulsit eum lux de cœlo*, disent les *Actes des Apôtres*. Dans le texte grec des Epîtres de S. Paul, le mot χάρισμα exprime aussi le don de la grâce de Dieu (*Rom*. cap. V, ℣ 15-16).

54 *Conti*. Leçon de Dornau. L'éd. goth. *conta*. L'éd. de la Bibl. roy. et celle de Barth *conto*.

55 *Catinum*. Le véritable mot était *vas*, expression usitée dans les écrivains sacrés; *cœleste catinum* est synonyme de *vas electionis*. Quand le Seigneur ordonne à Ananias d'aller trouver Paul et

de lui rendre la vue, il lui dit : *Vade, quoniam vas electionis est mihi iste*, etc. (*Act. Apostol.*, cap. IX, ỷ. 15).

[56] *Calvo celebrate choreas.* L'éd. de Barth *calvos cantate choreis.* Un MS. du Vatican *calvis cantate choreas.* Le mot *chorea*, au moyen âge et dans ce poëme particulièrement, signifie ou des chants en chœur ou des processions. Le poëte invite les muses à chanter des hymnes en l'honneur de l'apôtre S. Paul. Ce mélange du sacré et du profane, mélange bizarre, mais bien innocent, qu'on reproche comme une impiété à la Renaissance, était beaucoup plus vieux qu'elle. Il est peu de versificateurs chrétiens de la décadence et du moyen âge qui n'aient eu le mauvais goût de se permettre cet agrément poétique, ce qui ne les a pas empêchés d'être de bons croyants et d'excellents catholiques.

[57] *Calvum compsisse colendum.* Au lieu de *compsisse*, l'éd. goth. porte *combisse*, celle de Dornau *cambissi*, deux leçons également inintelligibles. *Compsisse*, que j'ai adopté d'après l'éd. de la Bibl. roy. et celle de Barth, a le sens de *scripsisse*, par allusion aux écrits du *chauve vénérable*, de S. Paul, auxquels il emprunte les *célèbres censures* qu'il expose dans les vers suivants.

[58] *Cavendi.* L'éd. de la Bibl. roy. et celle de Barth *canendi.*

[59] *Confutat.* C'est le texte de l'éd. de la Bibl. roy. et de celle de Barth; les autres ont *consultat.* Cette phrase n'est pas claire; je crois qu'il veut dire : Ce consul du ciel réfute et repousse tous les termes coupables, *crimina*, après les avoir mûrement examinés, *consulta*, du langage honteux, *cœnosi colloquii*, dont il faut se garder, *cavendi*. Saint Paul (*Ephes.*, cap. IV, ỷ 29) : *Omnis sermo malus ex ore vestro non procedat.* Le même (*Coloss.*, cap. III, ỷ 8) : *Nunc autem deponite..... malitiam, blasphemiam, turpem sermonem de ore vestro.*

[60] *Confundit.* L'éd. de Barth *confindit.* S. Paul (I *Corinth.*, cap. XI, ỷ 14) : *Nec ipsa natura docet vos quod vir quidem si comam nutriat, ignominia est illi?* — Le mot *collegia* dans ce vers est, je crois, synonyme d'*ecclesias*, et s'entend des différentes églises établies par l'Apôtre dans chacune des villes où il portait la parole divine.

[61] *Capiti corpus*, etc. Ce vers et le précédent s'expliquent par deux passages de S. Paul. Il écrit aux Corinthiens (I *Corinth.*, cap. XI, ỷ 3) : *Volo autem vos scire quod omnis viri caput Christus est, caput autem mulieris vir.* Puis aux Ephésiens (cap. V, ỷ 22, 23, 28) : *Mulieres viris suis subditæ sint, sicut Domino, quoniam vir caput est mulieris... ita et viri debent diligere uxores suas ut corpora sua.*

[62] *Caduca.* L'éd. de Barth *caduci.*

63 *Calvaster censor.* Charles le Chauve.

64 *Conquinisce, canis.* « A bas, chien ! » si on comprend le verbe *conquiniscere* comme Nonius et Priscien. Si, au contraire, on préfère le sens donné au douzième siècle par un lexique du Vatican (A. MAÏ, *Class. Auct.*, t. VIII, p. 152), on traduira : « Ferme les yeux, chien ! » et ce mot, adressé à ce malheureux privé de la vue, deviendra une froide et lâche moquerie.

65 *Collatrans carmine calvos.* Voir plus haut le v. 8.

66 *Corrodere.* L'éd. de Barth *corradere.*

67 *Concilium clarum*, etc. « Quand vous voyez, dit Hucbald, une brillante assemblée de chauves se réunir en cercle, vous avez l'image de la sphère chauve du ciel. » Cette idée est dans Synésius, *Éloge de la Calvitie* (p. 71 de l'éd. de Pétau). Nous n'apercevons au ciel, dit l'évêque de Ptolémaïs, que des corps ronds, des globes, des sphères, tels que le soleil, la lune, les planètes. Or qu'y a-t-il de plus chauve qu'une sphère ?... Bref, tout crâne pelé est comme un autre ciel, et vous ne pouvez vanter la sphère, sans vanter une tête chauve.

68 *Cyclum.* L'éd. de la Bibl. roy. et celle de Barth *cinctum*, qui n'a pas de sens.

69 *Calvitii culmen.* Dornau *culmine calvitii.* Les mots *cœli centrum* désignent l'astre qui occupe le centre du monde, *qui mediam cœli possidet partem* (J. FIRMICUS MATERNUS, *Mathes.*, lib. I, cap. IV), c'est-à-dire le soleil (*Voy.* plus loin la note 72), à moins que l'auteur n'ait eu en vue le *cintre* du ciel, et voulu dire que le sinciput convexe du chauve reproduit à l'œil les contours cintrés de la voûte céleste. *Centrum*, suivant le *Glossaire* de Du Cange, avait le sens de *cintre* au moyen âge.

70 *Circuitum cosmi*, etc. J'aimerais mieux la leçon de Dornau, *circuitus cosmi commendat c. c.* « La forme circulaire du monde prouve et rehausse les autres qualités du chauve, » c'est-à-dire sa raison, son intelligence. Le monde, dit Synésius (le monde animé, divin, raisonnable de Platon), est de forme ronde. Cela étant, chacune des parties où une portion de l'âme du monde est venue se loger, chacun de ces microcosmes, de ces petits mondes dans le grand, divins et raisonnables comme lui, doivent être ronds comme lui. Voyez plutôt les astres en haut, et les têtes ici-bas. Mais entre les têtes il faut distinguer. Celles qui portent des cheveux, des poils, ou des crinières, ne représentant pas une boule régulière, n'ont ni l'intelligence ni la raison. Il n'y a que les têtes chauves, têtes exactement rondes, sans angles, sans aspérités, qui ressemblent au globe, au monde divin et animé de Platon, et qui réunissent comme lui les rares perfections d'une céleste na-

ture. J'abrège et j'affaiblis beaucoup la plaisante argumentation de Synésius : les amateurs de ces ingénieuses facéties feront bien de recourir au texte (p. 71 de l'éd. de Pétau).

[71] *Candentes*. Dornau *candenter*.

[72] *Cynthia*, la lune. Synésius fait observer qu'on donnait quelquefois aux chauves une dénomination bien flatteuse pour eux : on les appelait σελήνια, des lunules, des lunes en miniature. En effet, dit-il, la calvitie, en se développant, imite les diverses phases de la lune. Les premiers cheveux qui tombent forment d'abord un petit croissant qui va s'élargissant peu à peu, et finit, quand la calvitie est complète, par arriver à l'état de pleine lune. Mais alors, ajoute Synésius, les chauves ont un grand avantage sur la planète, leur rivale. Celle-ci est forcée de recommencer son cours et de subir de nouveau les mêmes changements. La tête chauve, au contraire, une fois pleine lune, ne change plus ; elle possède la félicité suprême : ce n'est plus la lune, c'est un vrai soleil ; elle a son poli, son luisant, son éclat qui lui est propre (*Éloge de la Calvitie*, p. 74). On voit que Hucbald, dans les derniers vers de ce chapitre, a profité de ces idées. La lueur dorée de la lune n'oserait se comparer à la blanche lumière des chauves ; son croissant ne peut rivaliser avec eux, puisqu'il rentre dans les ténèbres pour grandir de nouveau. Le casque net et poli des chauves (*cassida*, l'expression est heureuse et juste) brille des mêmes feux que l'étincelante armée des corps célestes.

[73] *Explicit*, etc. Après l'*Explicit*, l'éd. de la Bibl. roy. ajoute cette touchante moralité : *Calvitium non est vitium, sed probitatis indicium, nisi scabies fuerit initium.*

FIN.

www.ingramcontent.com/pod-product-compliance
Ingram Content Group UK Ltd.
Pitfield, Milton Keynes, MK11 3LW, UK
UKHW020518230726
13925UKWH00005B/2188

9 782013 566209